Texto de Machado de Assis

Ilustrações de Silvana Fogaccia

Copyright desta edição © 2021 Saíra Editorial
Copyright das ilustrações © 2021 Silvana Fogaccia

O soneto "Círculo vicioso", de Machado de Assis, que compõe este livro, encontra-se em domínio público. Nesta edição, usou-se a versão estabelecida por Cláudio Murilo Leal, em *Toda poesia de Machado de Assis* (Rio de Janeiro: Record, 2012).

Direção e curadoria	Fábia Alvim
Gestão comercial	Rochelle Mateika
Gestão editorial	Felipe Augusto Neves Silva
Direção de arte	Matheus de Sá
Diagramação	Luisa Marcelino
Revisão	Vivianne Ono

Dados Internacionais de Catalogação na Publicação (CIP) de acordo com ISBD

A848q   Assis, Machado de

           Quem me dera... / Machado de Assis ; ilustrado por Silvana Fogaccia. - São Paulo, SP : Saíra Editorial, 2021.
           24 p. : il. ; 20cm x 20cm.

           ISBN: 978-65-86236-32-3

           1. Literatura infantil. 2. Machado de Assis I. Fogaccia, Silvana. II. Título.

2021-2923   CDD 028.5
                                                                                                         CDU 82-93

Elaborado por Vagner Rodolfo da Silva - CRB-8/9410

           Índice para catálogo sistemático:
              1. Literatura infantil 028.5
              2. Literatura infantil 82-93

Todos os direitos reservados à

Saíra Editorial
Rua Doutor Samuel Porto, 396
Vila da Saúde – 04054-010 – São Paulo, SP
Tel.: (11) 5594 0601 | (11) 9 5967 2453
www.sairaeditorial.com.br | *editorial@sairaeditorial.com.br*
Instagram: @sairaeditorial

Joaquim Maria Machado de Assis nasceu em 1839, no Rio de Janeiro, que era a capital do Brasil naquela época. De origem humilde, filho de mãe branca e pai negro, Machado precisou conviver desde cedo com a discriminação social. Ainda criança, mostrou grande paixão pelos livros. Começou a publicar poemas na adolescência e, em 1864, publicou seu primeiro livro: *Crisálidas*. Trabalhou em diversos jornais ao longo da vida, nos quais publicou crônicas, contos e romances. Em 1881, publicou seu primeiro livro de sucesso: *Memórias póstumas de Brás Cubas*. Foi um dos fundadores e o primeiro presidente da Academia Brasileira de Letras, criada em 1897. Morreu em 1908, na sua cidade natal, já consagrado como um dos maiores escritores do Brasil.

Silvana Carrera Fogaccia nasceu no dia 6 de outubro de 2002, na capital de São Paulo. Com um ano de idade, ganhou seu primeiro *kit* de lápis de cor da sua irmãzinha recém-nascida. Desde então, é uma amante das artes. Quando pequena, ia todas as tardes para a casa da avó, que a ensinou a pintar, esculpir, desenhar... enfim, a criar. Em 2017, com o apoio (e depois de muito convencimento) de sua professora de Arte do Ensino Fundamental, começou a postar seus desenhos nas redes sociais, e foi quando ela começou a descobrir que arte pode ser muito mais do que um *hobbie*. Em 2020, trancou a faculdade de Matemática para tentar seguir carreira nas artes. Em 2021, teve o primeiro livro infantil com as suas ilustrações publicado e descobriu o amor pela ilustração. Atualmente, estuda Artes Visuais na Universidade de São Paulo e trabalha como ilustradora.

Bailando no ar, gemia inquieto vaga-lume:

"Quem me dera que fosse aquela loura estrela,
Que arde no eterno azul, como uma eterna vela!"

Mas a estrela, fitando a lua, com ciúme:

"Pudesse eu copiar o transparente lume,
Que, da grega coluna à gótica janela,
Contemplou, suspirosa, a fronte amada e bela!"

Mas a lua, fitando o sol, com azedume:

"Mísera! tivesse eu aquela enorme, aquela Claridade imortal, que toda a luz resume!"

Mas o sol, inclinando a rútila capela:

"Pesa-me esta brilhante auréola de nume...

Enfara-me esta azul e desmedida umbela...

Por que não nasci eu um simples vaga-lume?"

Esta obra foi composta em Korolev Rounded e Garamond
e impressa pela Referência Gráfica em offset
sobre papel couché fosco 150 g/m² para a Saíra Editorial
em agosto de 2021